Scheibert Carl Gottfried

Der Kern der Erziehungsfrage

Scheibert Carl Gottfried

Der Kern der Erziehungsfrage

ISBN/EAN: 9783337413743

Hergestellt in Europa, USA, Kanada, Australien, Japan

Cover: Foto ©Lupo / pixelio.de

Weitere Bücher finden Sie auf **www.hansebooks.com**

Der Kern der Erziehungs = Frage.

Vortrag

zum Besten der innern Mission

gehalten

von

Dr. Scheibert,

Königl. Provinzial = Schulrath.

Stettin.
Verlag von Th. von der Nahmer.
1865.

Geehrte Versammlung!

Der reiche Büchermarkt für wissenschaftliche und praktische Pädagogik, die vielen Eltern und Erzieher, welche zu ihrem Erziehen-Können nichts weiter als ein Erziehen-Wollen mitbringen, das Beschaffen und Beschicken von Schulen aller und jeder denkbaren und undenkbaren Art, welche bis in die Kinderstube hinab und in die Werkstätten hineinreichen: dies Alles sollte füglich abmahnen, die Frage nach dem **eigentlichen Kerne der Erziehungs-Aufgabe** heute noch zu besprechen, weil sie in der Theorie bis ins Einzelnste erörtert, in der Praxis durch angeborne oder leicht erworbene Befähigung längst gelöst, von der menschlichen Gemeinschaft in bewährten Instituten mit erprobten Mitteln als vollkommen erledigt erscheint.

Doch die Wissenschaft ist mit ihren Erörterungen noch nicht am Ziele, denn neben vielen andern offenen Fragen handelt es sich in ihr noch um die Unterschiede von Regierung und Zucht, von geistübendem und erziehendem Unterricht, von Kenntnissen und Bildung; sie hat in der That die Erziehungsfrage so lange nicht erledigt, so lange es in ihr

1*

noch verschiedene pädagogische Schulen gibt, deren Gegensätze
nicht blos theoretische, sondern auch praktische sind.*) — Auch
die Praxis hat durch den·vermeintlichen natürlichen Tact
der Erzieher in Haus und Schule die Erziehungsfrage nicht
gelöst, das zeigen die unsichern und unberechenbaren Ergeb=
nisse dieser natürlichen und fast zu naiven Erziehungsthätigkeit,
die aller Welt bekannt sind. Daher hier nur einige Beispiele. —
An der Hand frommer Eltern erwächst nicht selten ein
gottentfremdetes Kind, und in verworrenem und wüstem
Familienleben, ein sittlich fester, gottergebner Charakter. —
An dem Arme eines ernsten, streng sittlichen Vaters schwankt
hier ein sittlich haltungsloser Sohn, und dort decken ver=
nachlässigte Kinder die sittlichen Blößen ihrer Eltern. —
Hier stehen Kinder, denen die Eltern sich ganz widmeten,
vor uns wie gefüllte Blüthen ohne alle Fruchtorgane, und
dort bezieht Staat und Bürgerschaft aus ungepflegten
Wildlingen gesunde Stämme und edle Fruchtbäume. —
Unter vielen wohlgerathenen Geschwistern, die alle gleiche
Liebe, Pflege, Lebensluft, Vermahnung und Zucht genossen
haben, reift oft ein Kind wie eine krankhafte Frucht, welche
vom Wurme am Kerne zernagt ist: eine so häufige Erschei=
nung, daß die kinderreichen Familien glücklich gepriesen
werden, in denen nur ein Kind die Liebe der Eltern mit

---

*) Ein Vortrag duldete ein weiteres Eingehen nicht. Die unerledigten
Fragen in der Theorie sind: Bedeutung der Religions=Erkenntniß, Willens=
übung, Willensbestimmung, Gewöhnung, Gesetzesmacht, Strafe, Lohner=
theilung, Behütung, Freiheit, Selbstbestimmung ꝛc. ꝛc.

Herzeleid vergilt. — Alltäglich*) heißt die Erfahrung, daß die Kinder, aus denen die Eltern so etwas Rechtes machen wollten, wie taube Nüsse, daß die einzigen, in aller denkbaren Sorgfalt erzogenenen Söhne wie leere Waben, daß die Kinder namhafter Erzieher und berühmter Prediger wie dürre Aeste am grünen Baume sich zeigen. — Oder ist es nicht wahr, daß vielversprechende Kinder oft schon mit dem Ablegen der Kinderschuhe ihr Versprechen ablösten; daß hoffnungsvolle Knaben oft schon mit dem Kinderspielzeuge auch die Hoffnungen zertrümmerten: daß geprüfte und reif befundene Jünglinge schon an den ersten Lebensklippen scheiterten? — Sollten diese Beispiele noch nicht zum Beweise dafür hinreichen, daß die auf ihre natürliche Begabung vertrauenden Praktiker die Erziehungs = Aufgabe mit Sicherheit noch nicht gelöst haben, so höre man hin nach dem Trauern so vieler Eltern über so viele unerfüllt gebliebene Hoffnungen, die ihnen an der Wiege der Kinder so frisch aufkeimten und aus den Kinder= schuhen so hoch aufschossen. — Dieses Trauern würde noch öfter gehört werden, wenn nicht Elternaugen sich schon an halber Erfüllung genügen ließen; es würde noch lauter klingen, wenn nicht Elternherzen immer und immer wieder den flehenden Hoffnungen ein Wiegenbett aufmachten und wärmten; es würde noch schmerzvoller tönen, wenn nicht Vater= und Mutterliebe zuletzt noch das Grab der erstorbenen Hoffnungen mit Liebesblumen schmückte.

---

*) Fast sprüchwörtlich ist es: Lehrer können wohl Anderer Kinder, aber nicht die eigenen erziehen; und: Pastorensöhne machen den Schulen Noth.

So darf denn wohl die Frage nach dem Kerne der Erziehungs=Aufgabe auch heute noch gestellt werden. Auch hat ihre Erörterung je und je bei allen denen Theilnahme gefunden, welche es wissen, daß der Gedanke an ein miß= rathenes Kind sich wie ein großes schweres Leichentuch über Friede und Freude der Familie legt.

Wenn der Gegenstand der Erziehung ein Kind ist, so kann die gestellte Frage auch nur unter genauester Erwägung der Kindesnaturen beantwortet werden. Je nachdem die Kindesnatur verschieden aufgefaßt wird, darnach fällt auch die Beantwortung der Erziehungsfrage verschieden aus. Darum muß die hieher gehörige Untersuchung, — wie alltäglich, langweilig und trivial es auch sein möge — nothwendig in die Kinderstube treten, und in ihr weilen, um aus den Lebensäußerungen des Kindes seine Natur zu erkennen.

Das erste, was man in der Kinderstube wahrnimmt, ist die große und räthselhafte Menge von Verschiedenheiten in den Kindesnaturen.

Das eine Kind, so erkennt man, ist weich, hingebend, anschmiegend, zärtlich, das andre spröde, kalt, ungefügig, auf sich selbst zurückgezogen; das eine will immer angeleitet, unterstützt, geführt sein, das andre will Alles selbst thun, versucht sich an Allem, ja gibt sein Unternehmen auf, wenn ihm Rath und Hülfe sich aufdrängt; das eine lernt die Sprache bald, braucht sie bald und eignet sich in unzähligem Wiederholen von Wörtern, Sätzen und Gedanken einen großen Wort= und Gedanken=Vorrath an, das andre beginnt spät zu sprechen, faßt Wortlaut und Gedankenausdruck nur mit halbem Ohre auf, wird nur durch äußern Antrieb zum Sprechen gelockt, und begnügt sich mit verstümmelten Worten, verkümmerten Sätzen, zerstückelten Gedanken: Jenes will sprechen und das Wort handhaben, dieses sich nur äußern und verständlich machen. Das eine Kind hört mehr, und wird von Musik, Gesang, Rede, das andre sieht mehr und wird von Darstellung, Bildwerk und Bild gefesselt; das eine hat seine Freude an sinniger Anordnung, an sorgsamem Bewahren des kleinen und des kleinsten Besitzes, an zierendem Schmucke, an wohlthuender Stille, das andre gefällt sich im Wirrwarr, verliert die Freude am Besitze, hat mehr Genuß am Erwerben als Besitzen, mehr am Zertrümmern als am Erhalten, liebt Geräusch und Getümmel; das eine äfft in seinem Spiele mechanisch das Leben, Reden, Treiben der Eltern und Umgebungen, das andre combinirt in freier und freister Weise die ihm gewordenen Anschauungen, trägt das Großartigste in das Kleinste hinein, und schafft täglich und stündlich Genrebilder der anmuthigsten und drolligsten Art. — Stundenlang kann das eine Kind bei einem Spiele ausharren und entschließt sich schwer, zu einem andern überzugehen, das andere fliegt unruhig die einzeln Momente des Spiels durch und sieht beim Beginnen des einen Spiels schon hin nach seinem Ausgange und nach dem Anfange eines neuen; jenes lebt hingegeben, vergnügt und befriedigt an dem unternommenen Spiele und gehört so ganz der Gegenwart an, dieses ist nie von dem Begonnenen ganz befriedigt, ändert, beſſert, verwirft unaufhörlich, kommt nie zu einem ruhigen Genuſſe, blickt immer nach dem Kommenden und gehört gewiſſermaßen immer der Zukunft an. — Selbſtvertrauen, Muth, Kühnheit, Aufſuchen der Gefahr, Erproben der Kraft zeigt das e i n e Kind; das Gefühl der Hülfsbedürftigkeit, Schüchternheit, Bangigkeit, Feigheit, Scheu vor Gefahr, Schlummernlaſſen der Kräfte verräth ein andres; ſinnend, träumend, verſunken in ſich ſelbſt ſitzt das e i n e Kind im geſuchten ſtillen Winkel; munter, haſtig, geräuſchvoll baut das a n d r e ſich ein ſtuben= und kammernreiches Haus aus Stühlen und Fußbänkchen. — Sich vertiefend und vertieft blickt das e i n e ſtill und innig in das Auge der Mutter, hört und lauſcht andächtig ihren Worten, Erzählungen, Liedern; ſcheinbar theilnahmlos, abſicht= lich zerſtreut hört und ſieht ein a n d r e s nicht minder Alles, was um es vorgeht, und überraſcht nicht ſelten in unge= ahnter Weiſe mit den gemachten Beobachtungen. — Zu unaufhörlichem Geplauder über unerſchöpflichen Stoff mit unverfolgbaren Gedankenſprüngen ſucht ein a n d r e s die Mutter zu feſſeln, und noch ein a n d r e s zeigt im Zuhören Langeweile, im Darlegen ſeiner Anſchauungen Verlegenheit, beim Gefragtwerden Pein, wie wenn es dadurch in ſeinem innerſten Geiſtesleben unangenehm berührt und geſtört würde.

Dieſe an den naturgemäßen und freien Lebensäußerun= gen der Kinder beobachteten Verſchiedenheiten treten faſt noch greller hervor in ihrem Verhalten auf dem ſittlichen Gebiete. — Daß in allen Kindern ſich nur zu bald ſicht= und fühl-

bare Keime und Knospen der Sünde finden, ist dem nicht
auffällig, der es weiß, daß wir alle aus sündlichem Samen
gezeugt und in Sünden geboren sind; aber wohl ist es
räthselhaft, wie die verschiedenen Kinder sich gar verschieden
gegen die Sünde von Innen und Außen her verhalten. —
Mit scheinbar andächtigem Spielen sucht das eine Kind die
begangene Unart zu verstecken, mit lieblichem Geplauder
von fernen Dingen sucht ein andres die Beobachtung abzu=
lenken, mit dreistem Beharren in der Unart sucht ein andres
sich den Schein eines ihm zustehenden Rechtes oder eines
ihm nicht verbotenen Thuns zu geben. — Dieses Kind
erstiehlt sich hinterrücks die Befriedigung seiner kleinen Ge=
lüste, jenes mit der erkannten Macht des freundlichen
Blickes, noch ein andres durch still duldendes Warten, oder
willigste Dienstfertigkeit, oder zärtliches Anschmiegen, oder
durch ganz bewußten Angriff auf die schwachen Seiten der
Eltern. — Hier widersteht ein Kind wie aus natürlichem
Instincte allem Unreinen, Unwahren und Unlautern in
Wort und That, dort eignet sich ein andres, wie wenn
es für Ansteckung besonders disponirt wäre, alles dasjenige
an, was ihm irgend wie auffällig erscheint, und zwar das
Schmutzige in Wort und That um so sicherer, je ferner es
bis dahin von ihm gehalten wurde. — Wie menschenfeindlich
weist ein Kind neidisch und mißgünstig jeden Spielgenossen
fort, und hält das Spielzeug wie vor Dieben in Hand und
Schürzchen verborgen; voll Schabernack stört ein andres
mit sichtbarer Lust die Gespielen in ihrer stillen Beschäfti=

gung. — Die Herrschsucht befriedigt das e i n e durch scheinbare Dienstfertigkeit, das a n d r e durch Kraft, oder Eigensinn, oder Troß, oder Geschenke. — Das Aneignen fremden Eigenthums geschieht von e i n i g e n ganz offen durch Gewalt, von a n d e r n verstohlen, oder durch Abschmeicheln, oder durch bewußten betrüglichen Tausch. — Das getrübte sittliche Gefühl tritt in dem e i n e n Kinde so zu Tage, daß es gerne die Unarten der Geschwister anklatscht und dann mitleidslos das Weh der Gestraften ansieht; in dem a n d e r n so, daß es mit bewußter Lüge die Unarten der Geschwister verheimlichen hilft, um nicht die Thränen des Gestraften ansehen zu dürfen.

Am deutlichsten treten die Verschiedenheiten der Kinder hervor in ihrem Verhalten gegen die Zuchtmittel und in deren Wirkungen auf sie. — Willige und widerstrebende, prompte und zögernde Folgeleistung; Gehorsam und Ungehorsam; leichte Fügsamkeit und starrer Widerstand; Furcht vor Strafe und gleichgültiges Hinnehmen derselben; bereitwilliges Bitten um Verzeihung und hartnäckiges Verweigern jeder Abbitte; Gutmachen-Wollen des Vergehens und muckisch im Strafschmerze verharren; lautes Auslassen und Verbeißen des Schmerzes; ernstes Eingehen auf Bekämpfung der Fehler und verstecktes Pflegen derselben; wahres ernstes Bereuen und Abthun der Reue durch obenhinnige Versprechungen; angezogen und abgezogen, versöhnt und verstockt werden durch die Strafe: das sind einige wenige der vielen Gegensätze. — Oder hätte irgend Jemand a u ß e r d e m W o r t e G o t t e s in dem rechten Munde noch ein Zucht-

mittel entdeckt, welches auf alle Kinder eine gleiche Wir=
kung geübt hätte? — Hier liegen dem Erzieher gar oft gar
schwere Räthsel vor, die nur leider zu oft von ihm in
seiner Verlegenheit so, wie von Alexander der Gordische
Knoten, gelöst werden. — Oder wäre es wirklich einem
Erzieher gelungen, mit denselben Erziehungsmitteln allen
seinen Kindern die alltäglichen Kinderfehler — welchen Namen
sie auch haben mögen — abzugewöhnen? Ach, sie trotzen
nur zu oft aller unsrer Kunst; sie scheinen überwunden,
und treten in anderer und schlimmerer Gestalt, auf gefähr=
licheren Feldern, mit tiefern und stärkern Wurzeln wieder
hervor, und erfordern dann erneuten Kampf mit andern
Waffen. — Oder kann nur Jemand nachweisen, wie die=
selben Erziehungsmittel bei den verschiedenen Kindern ge=
wirkt haben? — Ein stilles und verborgenes Wachsen im
Guten wie im Bösen zeigt das eine, zeitweiliges Stillstehen
und sprungweises Fortschreiten ein andres; heute gehen
unsre Bitten, Ermahnungen, Drohungen, Strafen wie ein
leeres Geräusch und todtes opus operatum an Ohr und
Herz des Kindes vorüber, und morgen erschüttern sie und
schlagen so tiefe Wunden, daß wir selber auf Tröstung und
Heilung denken müssen. — Doch wer vermag alle diese
Verschiedenheiten in den Geistes= und Willensrichtungen der
Kinder zu beobachten, verstehen, darzustellen. Wer könnte
diese Mannigfaltigkeit ganz auffassen, die ja unendlich reicher
ist als die reiche Entfaltung des Pflanzenreichs von der
Flechte am harten Kiesel bis zur Ceder auf dem Libanon.

Diese weite und breite Darlegung hat die Ueberzeugung wecken und befestigen sollen,

daß jedes Kind einen ihm eigenthümlichen geistigen Urstand habe,

der nicht bedingt ist durch Abstammung, erste Eindrücke, Umgebung oder wohl gar durch Leibesnahrung, denn in jeder Familie von auch nur einigen Kindern, auch wenn alle in dem ein= und gleichförmigsten Leben aufwachsen, wird diese ursprüngliche Verschiedenheit selbst vom blödesten Elternauge wahrgenommen.

Die Frage nach dem Ursprunge und Wesen dieser Verschiedenheiten in dem geistigen Sein der Kinder fällt zusammen mit der Frage nach dem eigentlichen Kerne der Erziehung, denn je nachdem die erste Frage beantwortet wird, wird auch die Erziehungsfrage ihre Beantwortung erhalten müssen. Sieht man sich in den hieher gehörigen Wissenschaften um, so reicht die von ihnen ertheilte Antwort nicht ganz aus, denn die Pädagogik, Psychologie und Anthro= pologie suchen entweder nur oder doch vornehmlich das Gemeinsame der menschlichen Natur und deren Gesetze, oder sie begnügen sich nach älterer Darstellung mit allgemeinen Begriffen, wie Spontaneität, Receptivität, Temperamenten ꝛc. — Die wichtigen Ergebnisse der Physiologie haben wohl in die Gesetze des animalischen Lebens tief hineinblicken lassen; aber sie haben doch immer nur die Organe, durch welche der menschliche Geist zu empfangen und zu wirken gebunden ist, nicht aber das Wesen des empfangenden und wirkenden

Geistes mit Secirmesser und Lupe enthüllen können. Von der Phosphor=Theorie einer gewissen neuzeitlichen Philosophie, welche diese Verschiedenheiten auch zu erklären unternommen hat, darf vor dieser Versammlung geschwiegen werden, da doch wohl durch solche Phosphor = Philosophie nur Streich= hölzer geliefert werden, mit denen jede Köchin ein Gift in Händen hat. — So bleibt denn die Wissenschaft die gewünschte Antwort noch schuldig, und doch muß sie gegeben werden.

Wenn nun hier eine Antwort zu geben versucht wird, so geschieht es mit dem vollen Bewußtsein, daß dieselbe nur ein Beitrag zur Beantwortung der Frage über den Ursprung und das Wesen dieser Verschiedenheiten sein kann; es geschieht zugleich aber auch mit der Bitte, daß man die verbotene Schulsprache und die gebotene Zeitkürze der etwa vermißten Schärfe zu Gute rechnen möge.

Die Antwort geht nun dahin:

Die Verschiedenheit in den Geistesrichtungen der Kin= derseelen ist eine spezifische, wesenhafte und ursprüngliche; jede einzelne Kindesseele hat neben den allgemein mensch= lichen Begabungen einen besondern, ihr eigenthümlichen Geistesgehalt **von** und **aus** Gott erhalten; sie hat damit die Aufgabe überkommen, in dieser ihrer Richtung inner= halb der menschlichen Beschränkung und kraft des allge= meinen menschlichen Vermögens ihren Geistesgehalt zur vollendeten Darstellung zu bringen.

Zur Rechtfertigung oder lieber gesagt, zur nähern Erörterung der ausgesprochenen Ansicht möge Folgendes

dienen. Die Ansicht ist entsprungen aus den beiden Grund=
gedanken,

1. daß die Menschen nicht eine Gattung im Thierreiche,
sondern ein eignes Reich von Wesen, die mit Vernunft
begabt sind, oder doch eine Classe in dem Reiche der Ver=
nunftwesen bilden;

2. daß Gott wie in der Schöpfung überhaupt seine
Liebe, so in der des Menschen als seines Ebenbildes
noch im Besonderen den Reichthum seines Wesens hat offen=
baren wollen, und fort und fort noch offenbaret.

Der erste dieser beiden Grundgedanken ist als ein Ergeb=
niß der neuern Naturforschung und Naturphilosophie anzu=
sehen, und bedarf es der Anführung der Gewährsmänner
vor dieser Versammlung nicht. Der zweite ist ein Satz aus
dem geoffenbarten Worte Gottes, wo es heißt: Gott hat
den Menschen nach seinem Bilde geschaffen — und
er blies dem Menschen einen lebendigen Odem
in seine Nase, und so ward der Mensch eine leben=
dige Seele. — Zu diesen beiden Grundgedanken kommt
nun noch eine aus Natur und Offenbarung gewonnene
Zuthat, dahin lautend,

3. daß Gott jeder einzelnen menschlichen Seele
so wie dem Adam einen göttlichen Funken aus seiner un=
endlichen Lebensfülle zutheilt, und sie dadurch zu einem
eigensten Wesen stempelt. Diese Zuthat, so weit sie aus der
Beobachtung der menschlichen Natur gewonnen ist, hat in
dem Nachweise der unendlichen Verschiedenheiten schon ihre

Rechtfertigung gefunden. Der Nachweis, ob und wie weit sie
mit der Offenbarung übereinstimmt, würde der Theologie gegen=
über eine theologische Abhandlung fordern, die hier keinen Platz
hat. Darum nur Einiges hierüber. — Gott schuf den
Menschen heißt doch, er schuf in und mit Adam die Mensch=
heit; zum Bilde Gottes schuf er ihn, heißt dann auch:
nicht jeder einzelne Mensch ist das vollkommene, volle, unend=
lich reiche Bild Gottes; sondern die Gesammtheit aller
der einzelnen Menschen stellt dies Bild dar, während jeder
einzelne Mensch nur ein unendlich kleines aber jeder sein
besonderes Theilchen zur Darstellung empfing und empfängt.
— Ihr sollt vollkommen sein wie euer Vater
im Himmel vollkommen ist, kann nicht heißen: jeder
einzelne Mensch soll die ganze Vollkommenheit Gottes
erreichen, aber es wird heißen können, er solle das ihm von
Gott aus Gott angewiesene Theilchen des Gottesbildes in
und an sich zur Vollkommenheit entwickeln; und in dieser
seiner menschlichen Einschränkung auf einen kleinsten aber
eigensten Besitz aus Gott, doch Gott ähnlich und so ihm eben=
bildlich werden, auf daß so die Fülle der Liebe und der
Reichthum Gottes nur erst in und mit dem ganzen Men=
schenreiche von Adam herauf bis zu den letzten hin, die da
werden verwandelt werden am großen Tage, zur Erscheinung
und Darstellung gekommen sein wird. An jenem Tage
— so heißt es weiter — werden wir Gott schauen
wie er ist. Dies wird doch heißen können: Gott wird sich
uns selbst unmittelbar darstellen, und wird in dem Gesammt=

bilbe aus allen verschiedenen Gestalten aller der einzelnen
Menschen und Vernunftwesen gestaltlich und dadurch für uns
faßbar vor uns stehen. Man fragt vielleicht: So lange sollen
wir warten? Christi Erscheinen antwortet, Nein! Solche
Gottesdarstellung in menschlicher Gestaltung wäre für uns
nothwendig? Christi Erscheinen antwortet, Ja! Aus der
Wesenheit Christi ist der hier ausgesprochene Gedanke vor=
nehmlich abgeleitet, und findet in ihr die eigentliche Recht=
fertigung. Das Erscheinen Christi,

> wo Gott und die Menschheit in Einem vereinet,
> wo alle vollkommene Fülle erscheinet,

beweist, daß sich Gott in der menschlichen Natur dem Men=
schen hat erschließen wollen; seine gottmenschliche Natur sagt,
daß die göttliche Natur in der menschlichen Schranke zur
Erscheinung gelangen kann und soll. — Somit sind die
Forderungen: sein Jünger zu werden, seinen Fußstapfen nach=
folgen, ihn in uns aufnehmen, mit ihm eins werden ꝛc.
dahin zu verstehen, das in uns Göttliche so zur reinen Dar=
stellung zu bringen, wie in ihm die ganze Fülle der Gott=
heit in der menschlichen Gestalt leibhaftig erschienen und zur
Darstellung gebracht ist. Und weil nun in Christo die ganze
Fülle der Menschheit vollkommen erschienen ist, darum kann
Jeder sich selbst in Ihm wiederfinden, und in Ihm auf=
gehend sein eigenstes Wesen vollenden. Und weil der Erden=
mensch nur ein Theilchen aus Gott ist, darum sind eben
alle einzelnen Menschen nur Glieder an dem Leibe Christi,
darum bildet seine Gemeinde erst zusammen seinen Leib. —

Weil endlich in der einen menschlichen Natur Christi die
ganze Fülle der Menschheit erschienen, darum ist sein mensch=
liches Wesen der vollkommene Ausdruck aller Eigen=
thümlichkeiten aller Menschen, die je gelebt haben
und leben werden, so weit sie ohne Sünde sind.
(Darum kann seine menschliche Fülle und Vollkommenheit
so wenig wie seine Göttlichkeit von einem menschlichen
Geiste ganz durchdacht und erkannt werden; darum kann
nur menschlicher Hochmuth es unternehmen, den Menschen
Jesus gar charakterisiren zu wollen.)

Darf hiernach die oben ausgesprochene Ansicht von den
Verschiedenheiten der Menschen als gerechtfertigt angesehen
werden, nach welcher diese Verschiedenheit eine für jeden
Menschen wesenhafte, von Gott gewollte und gegründete ist,
aus welcher sich die besondere Natur eines jeden Einzelmenschen
bestimmt; so darf nun hinzugefügt werden, daß diese Ver=
schiedenheiten von der Wissenschaft nie verleugnet und von
der Schulsprache, freilich in einem wesentlich andern Sinne,
als Individualitäten, bezeichnet worden sind.*) Es
möge nun erlaubt sein, der Kürze halber dieses Schulwort
in dem hier angegebnen Sinne auch brauchen zu dürfen.

*) Das Wort Individualität bezeichnet sonst das geistige, sittliche ꝛc.
Sein, welches an einem entwickelten Menschen als ein ihm eigen=
thümliches erkennbar hervortritt, was dann auch wohl so verstanden wird,
als werde die Individualität durch Erziehung, Unterricht, Lebensschicksale,
Berufskreis ꝛc. dem Menschen angebildet; während hier das Wort das
Ursprüngliche, die Grundrichtung, den besondern ursprünglichen, Gott ent=
sprossenen Geistesgehalt einer Menschenseele bezeichnen soll.

2

Blickt man nach dieser Feststellung zurück nach allen
den aufgeführten Erscheinungen, so sind die verschiedenen
freien Lebensäußerungen der Kinder lauter Zeugnisse für die
verschiedenen Individualitäten. — Ihr verschiedenes Verhal=
ten gegen die Sünde ist Beweis, wie jede Individualität auf
ihre eigenthümliche Weise von der Sünde berührt wird, mit
ihr kämpft, sie besiegt oder ihr erliegt. Die verschiedenen
Wirkungen der Zuchtmittel sind ein Zeichen, wie die Indivi=
dualitäten, je nachdem sie sich dadurch gefördert oder gehemmt,
erkannt oder verkannt fühlen, entweder in den Erziehungs=
gang willig eintreten, oder sich vor ihm als einer Schädigung
ihres innersten Seins zurückziehen, und sich vor der Will=
kühr des Erziehers bergen. — Viele der Eingangs aufge=
führten räthselhaften Erziehungsergebnisse dürften sich auf
eine Mißkennung und Mißhandlung oder auf eine unbewußt
und unwillkührlich geschehene Förderung der Individualitäten
zurückführen lassen.

Nun zur Erziehung.

Sie erhält hiernach unbestritten eine Doppelaufgabe:

1. das allgemein Menschliche an jedem Kinde und
2. die Individualität eines Kindes so zur Entwicklung und
   zum Reifen zu bringen, daß derselbe Mensch in allen
   Lagen und allen Lebensäußerungen, in allem Fortschreiten
   und nothwendigem Wandeln seiner Denk= und Handlungs=
   weise als ein ursprüngliches, sich selber stets getreues und
   durch und durch harmonisch gestimmtes Wesen sich kund
   giebt,

oder kurz: die Erziehung hat die Aufgabe,

der Individualität in und mit dem allgemein Menschlichen zu ihrer Entfaltung und Erstarkung bis zum **Charakter** zu verhelfen.

Wenn nun Göthe darin Recht hat:

Es bildet ein Talent sich in der Stille,

Sich ein Charakter in dem Strom der Welt,

so hat die Erziehung des Menschen als Erziehungsmittel alle die geistigen Stoffe, Thätigkeiten, Bestrebungen, Zwecke und Kämpfe, welche dem Menschengeschlechte bei seiner Verweisung aus dem Paradiese als Fluch und Segen zugesprochen wurden. Doch zur Sache. — Daß die zum Charakter gereifte Individualität der Kern der Erziehungsaufgabe sei, dürfte aus Folgendem einleuchten, wenn es ja bezweifelt werden sollte. — Unwillkürlich, stark und doch so warm, werden wir von allen solchen Menschen angezogen, welche Ursprünglichkeit, Wahrheit und Harmonie in allen ihren Lebensbeziehungen und Aeußerungen bekunden. Geschichte und Drama üben mit den auftretenden und dargestellten Charakteren ihre Anziehungskraft; Charakterlosigkeit richtet den Mann; selbst die Schönheit ohne Charakter verliert ihren Reiz. Der in eigenthümlicher Entwicklung sich darstellende Bettler- und Hirtenknabe fesselt unser Interesse mehr als der glatt- oder gelehrt-geschulte Laden- oder Schulbursche; höher steht dem gesunden Urtheile ein sittlich reiner und dabei charaktervoller Tagarbeiter als der feinstgeschliffene aber charakterschwache Salons- oder Hof-Mann; ja der Bösewicht und Verbrecher

2*

gewinnt sich, nicht blos bei den sentimentalen Herzen, Theil=
nahme, wenn er Charakter verräth, denn es erfüllt den
Edelsten mit Schmerz, daß die im bösen Thun ausgeprägte
Individualität für Menschen und Gott verloren ging.

Es ergiebt sich nunmehr aus dem aufgestellten Begriffe
als unabweisbare Folgerung, daß die Eltern die Kindesseele
nicht wie ein unbeschriebenes Blatt ansehen dürfen, auf wel=
ches sie nach ihrem Belieben erst den Lebenstext aufzuschrei=
ben hätten; oder mit andern Worten,

> daß es weder in der Vollmacht noch in der Macht der
> Eltern und Erzieher liegt, das ihnen anvertraute Kind
> nach einer ganz beliebigen und willkührlichen Richtung
> hinzuleiten.

Daß die Eltern eine solche Vollmacht nicht haben, das
liegt in der Ursprünglichkeit der geistigen Richtung eines
Kindes, in der ihm dadurch vorgezeichneten Entwicklungs=
bahn, und in der ihm damit von Gott angewiesenen Bestim=
mung; daß die Eltern eine solche Macht, aus dem Kinde
etwas Beliebiges zu formen, nicht haben, das beweist die
Erfahrung, daß aus allen denjenigen Kindern verkümmerte
und verkrüppelte Gestalten werden, bei denen das Belieben der
Eltern der Individualität des Kindes widerstritt. Oder hat
noch Niemand einen redlichen Sohn seine Eltern darüber
verklagen hören, daß sie durch ihre Einwirkungen auf ihn
seine Verkümmerung herbeigeführt hätten?

Dies vorne Gesagte soll aber nicht so verstanden wer=
den, als ob die Erziehung überhaupt keine Kraft oder Macht

hätte. Wohl gelingt redlichen Eltern und Erziehern mit
sittlicher ernster Zucht, ohne irgend welches Rücksichtnehmen
und Verständniß der Individualität brave, redliche, ehren=
werthe und gute Menschen zu erziehen, und es soll ·und
muß eine große und ernste Anerkennung einem solchen
Erziehungs=Ergebnisse zugesprochen und damit die Macht der
Erziehung eingeräumt werden. Es gelingt ja auch den Eltern,
der Umgebung, der Gesellschaft 2c. durch ihr charakterloses,
chablonenmäßiges, durch Formen niederhaltendes Wirken,
Ermahnen, Ueben, Gewöhnen, Zwängen auch die widerstre=
bendsten Individualitäten der Kinder in das allgemeine, nichts=
sagende, von der Mode beherrschte Gewand zu kleiden, und
so die Entwicklung der Kinder in das hochgerühmte Geleise
der Bildung zu bringen. Wohl gelingt es auch der socialen
Gemeinschaft, der zu erziehenden Jugend allmählig anzuüben,
daß Höflichkeit die höchste Tugend, daß ein offenes Bezeugen
der Wahrheit Unhöflichkeit und somit höchste Untugend, daß
ein Aussprechen der Ueberzeugung verdammenswerthe Unschick=
lichkeit, daß das Gehenwollen außer und neben der allge=
meinen Fahrstraße eine Ungezogenheit, daß das Sein= und
Denken=Wollen in eigener Weise ein unverzeihlicher Verstoß
gegen die gebieterischen Lebenssitten sei: kurz, es gelingt wohl
mit allen diesen Mitteln sogenannte artige Kinder und ma=
nierliche Jünglinge zu dressiren, d. h. es gelingt eben, die
Entwicklung der Individualitäten nieder zu halten, der Ent=
faltung derselben Lebensodem und Raum abzuschneiden, der
Erstarkung derselben das Arbeits= und Tummelfeld zu ver=

sagen, und so das dem Erziehungszwecke gerade Entgegenge-
setzte zu thun; aber alle die dadurch in das Gewand der
hochgerühmten allgemeinen Sitte hinein Gezwängten und
Eingeschnürten, diese glatten, ebenmäßigen, so recht leibsa-
men, unschädlichen und auch ungeschädigten Gestalten besitzen
möglicher Weise alle Schönheit, nur nicht einen Charakter,
sind vielleicht zu Vielem anstellig und brauchbar, nur nicht
im ernsten Kampfe wider Sünde und Welt für die gefähr-
deten höchsten Güter; sie verstehen Vieles und oft vermeint
lich Alles, nur nicht einen Charakter, sich selbst nicht und
Gott nicht. Sie sind eben verkümmert und verpuppt, und
das oft so sehr, daß sie Eigensinn und nackte Verstandes-
Consequenz für Charakterstärke halten.

Eine weite Folgerung aus dem gewonnenen Erziehungs
begriffe ist die,

daß die aus Gott stammende Individualität wie ihre Aufgabe so auch die Kraft ihrer Entwicklung nothwendig in
sich selber hat; daß demnach ihre Erstarkung bis zum
Charakter sich wie ein Natur-Prozeß, aber bei jedem Menschen in seiner Besonderheit und auf die ihm eigenthümliche Weise vollzieht.

Wie alles von Gott ins Leben Gerufene Samen, Keim,
Kraft und Gesetz der Entwicklung in sich hat, so ist es auch
mit der Individualität, so muß es auch mit ihr sein. Wie
der Wurzelstock der Pflanze seine Fasern in den ihm angewiesenen Boden senkt, und die Blätter in die Atmosphäre
und in das Sonnenlicht hinaustreibt; wie die Pflanze mit

diesen Organen aus Boden und Atmosphäre nur die ihrer
Natur und deren Entwicklung zuträglichen Stoffe einsaugt und
einathmet, und wie sie dann durch Assimilirung dieser Stoffe
zu der bestimmten Pflanze wird: so und nicht anders ist es
mit der Individualität eines Kindes. — Auch sie ist gleich=
sam ein Wurzelstock in einen bestimmten Boden gestellt; sie
auch senkt die Anlagen des vernunftbegabten Geistes wie Saug=
adern in den sie umgebenden Boden; treibt die Blätter des
Begehrens und Wollens in die geistige und sittliche Atmo=
sphäre; saugt und athmet dann nur die ihrer Natur und
deren Entwicklung zusagenden Stoffe ein, und wird durch
Assimilirung dieser Stoffe zu dem bestimmten Charakter.

Niemand wird und kann dies so verstehen wollen, als
ob gar keine Erziehung nöthig sei, oder als ob ein Charakter
sich ohne erziehliche Beihülfe entwickeln würde. Dem wider=
spricht das unmittelbarste Bewußtsein der Eltern von ihrer
Pflicht; ihm widerspricht das unmittelbare Verlangen aller
gesunden Kinder nach einer Führung und Zucht; ihm wider=
spricht das Sündenleben der allermeisten, welche als Kinder
ohne Erziehung aufwuchsen; ihm widerspricht der Anspruch der
Menschheit auf ein mit ihr fortschrittfähiges junges Geschlecht;
ihm widerspricht die Macht der Sünde; ja ihm widerspricht
Gott, der von der Schöpfung an bishero die Menschheit
erzog und noch erzieht. — Nur das soll ausdrücklich gesagt
sein, daß die von Gott gewollte Erziehung des Kindes durch
die Eltern nicht etwa ein Act wäre, ohne welchen das Kind
sich etwa gar nicht entfalten könnte, oder der das Kind belie=

big gestalten dürfte, sondern daß diese Entwicklung und Ent=
faltung wie ein Natur - Prozeß in allen organischen We=
sen vor sich gehen und durch die erziehliche Thätigkeit, die nur
Gärtner = Amt ist, in der rechten Weise gefördert, das
heißt vor der Sünde behütet und in der ihr von Gott
angewiesenen Bahn erhalten und geschützt werden soll. —
Es soll damit nicht geleugnet werden, wie das auch vor=
hin schon zugestanden ist, daß eine Erziehung mit willkühr=
lichen künstlichen, reizenden und treibenden Mitteln auch aus
den Kindern, wie es ja nur zu oft geschieht — Pflanzen
erzielen kann, welche auf jeder Blumenausstellung glänzen,
von den Preisrichtern Anerkennung und Medaillen erringen,
alle und jede Concurrenz auf dem Lebensmarkte siegreich
bestehen; aber es soll und muß dem gegenüber behauptet
werden, daß alle solche künstlich getriebenen und künstlich
gezogenen Menschenpflanzen durch ihre Blätter und Blüthen
die ursprüngliche natürliche Schönheit kaum hindurch schim=
mern lassen, und charakter= und auch früchtelos sich ableben.

Eine Erziehung in dem rechten Sinne wird also nach
dem Dargelegten dem Erzieher vor Allem zuerst die Auf=
gabe stellen,

die Individualität des Kindes zu erforschen, ihr Verständ=
niß sich zu schaffen, und so aus dem Kinde und von ihm
zu lernen, wie, wodurch und wozu es erzogen sein will.

Wem drängt sich nun hiebei nicht die Frage auf: wie
das eben möglich sei? Sie dürfte von Manchem wohl gar
in dem Sinne der Pilatus=Frage: „Was ist Wahrheit?" auf=

geworfen werden. Zunächst, so darf hier wohl geantwortet
werden, sind die im Eingange erwähnten Kinder-Verschie-
denheiten der wichtigste Fingerzeig für das Wesen der
Individualitäten. — Sich in jedes besondere Kindes-Leben
und Weben so ganz hineinzufühlen, hineinzudenken, und mit
jedem Kinde das Kind werden: das ist der Anfang des
Forschens; das Kind in seiner Theilnahme und Gleichgültigkeit, in seiner Freude und Bekümmerniß, im Stillstande
und Fortschritte, im Begehren und Wollen: kurz das Kind
in allen seinen Lebensäußerungen mit innigster Theilnahme
begleiten: das heißt das Lexicon zu der Sprache aufschla-
gen, welche Gott durch das Kind zu uns redet. — Sorgfältig wahrnehmen, wie das Kind Beispiel, Wort, Ermah-
nung, wie es Anweisung, Anleitung, Befehl, wie es Ver-
kennung und Anerkennung, Lohn und Strafe hin- und an-
nimmt; sorgfältig wahrnehmen, wie das Kind sich den
Eltern, Geschwistern, Hausgenossen, Fremden — wie es sich
dem Bösen und Guten, dem Reizenden und Schönen, dem
Fröhlichen und Ernsten, dem Gewähren und Versagen gegenüber verhält; — sorgfältig wahrnehmen wie das Kind beob-
achtet und darstellt, wie es nachahmt und schafft, wie es
wünscht und verschmäht: dies Wahrnehmen ist das gram-
matische Studium der aus dem Kinde redenden Gottessprache.

Es sei eine kleine Abschweifung erlaubt. Weil eine
rechte Mutter, welche weder, — ach daß es gesagt werden
muß, — durch gesellschaftliche Verpflichtungen noch durch
Fröbelsche Kindergärten ihrem Kinde einen Scheidebrief giebt,

welche auch nicht den unseligen Wahn theilt, als könne und müsse einem Kinde Alles, ja das Spielen selbst noch erst beigebracht und gelehrt werden, welche in dem Spiele ihres Kindes dessen Lebensäußerungen vor sich ausgebreitet sieht und darum in sein Spiel liebend eingeht: weil nun eine solche Mutter täglich in dem Sprachwörterbuche ihres Kindes blättert und liest, weil sie täglich und stündlich die Grammatik des Kindeslebens vor sich hat, darum versteht sie und sie vor Allen das Kind; darum wird sie vor Allen von dem Kinde verstanden, darum und nur darum ist sie wie die berufene so auch die befähigtste und von Gott ersehene Erzieherin des Kindes. — Was die Mutter zu diesem hohen und höchsten Berufe befähigt, das ist nicht etwa die Gemüthsweichheit, denn die Mutter ist oft viel strenger als der Vater; nicht die Langmuth, denn der Mutter Hand ist loser als die des Vaters; nicht die Milde der Gesinnung, denn die rechte Mutter hat ihren unerbitt= lichen Ernst; nicht die Nachgiebigkeit, denn sie schlägt öfter ab und ist oft consequenter als der Vater; das ist auch nicht die unbestimmte Weiblichkeit, denn Stiefmütter sind auch weibliche Wesen; nicht auch der etwa vorzugsweise ihr ange= borene und natürliche Tact, denn auch Gouvernanten und Bonnen haben weiblichen Instinct und Tact; sondern sie wird dadurch befähigt, daß sie sich, getrieben von ihrer Mutterliebe, leichter in das Kindesleben versenkt, williger, inniger in ihm weilt — und darum es richtiger versteht.

Kehren wir nach dieser, wohl verzeihlichen Abschweifung

zurück zur Sache. — Zum Erkennen und Verstehen der Kindes=Individualität gehört neben dem Beobachten noch im Besondern das Abthun aller Selbsttäuschungen, zu welchen uns Selbsteitelkeit und selbstische Wünsche leicht und unver= merkt verführen, und wobei die sogenannten liebenswürdigen Hausfreunde bestens behülflich sind. Nicht die grobe und lächerliche Selbsttäuschung ist gemeint, welche in Allem und überall Talente und besondere Begabungen an den Kindern entdeckt, sondern die, welche daraus entsteht, daß man sich selber gerne in dem Kinde sucht, und dann auch wohl in ihm wiederfindet. Diese Täuschung führt dann dazu, aus dem Kinde das Alles machen zu wollen, was man selber gern geworden wäre, aber nicht erreicht hat.

Will es uns aber mit allem unsern Beobachten und in aufrichtigstem Selbstverleugnen dennoch nicht gelingen, das Kind zu verstehen, für sein Wesen einen Begriff, ein Ana= logon zu finden, tappen wir mit ihm wie im Dunkeln um= her, dann haben wir Gott zu fragen. — Wie? — das gehört wohl hiezu, aber nicht hieher.

Die Erziehung, so folgt nun weiter, hat dann zu sorgen, daß von dem Kinde alles dasjenige ferngehalten wird, was durch besonderen Reiz seine Entwicklung stört, in falsche und sündige Richtung treibt; daß eine geistige und sittliche Atmosphäre um dasselbe hergestellt wird, aus der es gesunde und gesundmachende Eindrücke empfängt; daß ihm ein Beschäftigungskreis angewiesen wird, in welchem es sich möglichst frei bewegen kann; daß ihm ein Pflichten=

treis übertragen wird, in deffen wohl erreichbarer aber nie
erreichter Erfüllung es sich in seiner sittlichen Schwäche
und so sich selber in seiner tiefsten Schädigung erkenne.

In diesen Sätzen ist im Wesentlichen das gesammte
Gebiet der Erziehung umschlossen. Eine Ausführung der=
selben gehört der besondern Pädagogik an, würde ein Buch
füllen, und muß daher hier bei Seite gesetzt werden. Nur
das Eine sei bemerkt, daß jede Erziehungsveranstaltung dahin
und so getroffen werden muß, daß das Kind in ihr aus
seiner Natur heraus zu etwas wird, und nicht durch eine
außer ihm liegende und zwingende Gewalt zu etwas gemacht
wird. — Der Erzieher, so könnte man sagen, hat das Kind stets
wie eine Pflanze anzusehen, welcher er zu ihrer natürlichen
und darum vollendetsten Entwicklung dadurch verhelfen soll,
daß er für sie den rechten Standort auswählt, den Boden,
in den sie gepflanzt ist, gehörig lockert, aus ihm das wurzel=
annagende Gewürm und Gethier entfernt, und dann dem
Boden im Besondern die Nährtheile und Nährstoffe hin=
zuthut, welche der Natur der bestimmten Pflanze am förder=
lichsten für ihre Entwicklung sind.

Wäre denn nun das ganze Erziehungsgeschäft blos
ein Schildwachdienst gegen den Einbruch der Sünde oder
ein bloßes Helferamt? Läge in ihm keine treibende Kraft?
Wäre seine Arbeit nur die Sorge für geistige Nahrung des
Kindes? dürfte nie oculirt, nie gepfropft werden? Es geschieht
das leider nur zu oft, und darum möchte man Nein lieber
sagen als Ja; — Doch ein Edelreis muß jeder Pflanze

in der Baumschule der Erziehung aufgesetzt werden, das
ift ein Reis von dem rechten und ächten Weinstocke,
damit jede zu einer Rebe an ihm werde. Ein Saft muß
den Wurzeln der Pflanzen als Nahrung aufgebrungen wer=
den, das ift das Wort Gottes. Denn wenn die Indivi=
dualität aus Gott ftammt, dann kann ihre ächte Nahrung,
Kräftigung und fo ihre volle Entwicklung nur in der Speife
aus Gott gefunden und dargeboten werden.

Bis hieher ift nur das Kind und ein nächfter Erzieher
betrachtet worden. So vollzieht fich aber die Erziehung
nicht, fo foll fie fich nicht vollziehen, und wer es verfucht
hat, der ift irre gegangen. Es giebt nothwendige, gebotene,
fich aufbringende und unabweisbare Erziehungs=Mächte, deren
Wirkfamkeit und Mitwirkung nicht überfehen werden darf.
Zu diefen erziehenden Mächten gehören das Haus und die
Familie, die Kirche, die Gefellfchaft, die Genoffenfchaft, der
Staat.

Alle haben Pflicht und Recht der Miterziehung, denn
der Menfch gehört nicht blos fich, fondern nach Gottes
Beftimmung auch der Gemeinfchaft an, und kann für diefe
nur durch fie und in ihr erzogen werden.

Des Haufes Bedeutung, Einfluß, Macht, Aufgabe
und Pflicht für die Kindererziehung und namentlich auch
in Beziehung auf die Charakterentwickelung wird hier über=
gangen und ift dem Vortrage eines Andern in der nächften
Zeit überlaffen.

Der Staat übt feine Erziehungsmacht und erledigt

sich seiner Verpflichtung zur directen Erziehung durch die von ihm beaufsichtigten und bestellten **Schulen.** Er endet diese seine directe Einwirkung mit dem Entlassen des Zög= lings aus der Schule. Sein weiterer Einfluß ist Volks= erziehung, deren Betrachtung nicht hieher gehört. — Er nimmt von dem Zeitpunkte ab, wo der Zögling aus der Schule entlassen ist, den Menschen wie er ist, und macht ihn für sein Verhalten in dem Gesetze oder wider dasselbe verant= wortlich. Die Frage, ob der Staat noch über die Schule hinaus in anderer und höherer Weise als durch das Gesetz auf den Menschen zu wirken habe, gehört in die Lehre vom Staate.

Die **Genossenschaft** hat sich bisher nur auf dem gesell= gen Gebiete als erziehend erwiesen, und hat sich auch hier nur auf indirecte Einwirkung durch die herrschende Sitte beschränkt. Sie überläßt es noch Jedem wie weit und auf welchem Wege er sich für die Geselligkeit in den von ihr vorgeschriebenen Formen zurüsten will. Sie, die Gesellschaft nimmt den Menschen, wie er ihr zukommt, und überläßt es ihm, was und wieviel er sich aus ihr aneignen will. Das wird immer nur in der Weise, mit der Freiheit oder Abhängigkeit, mit der Energie oder Gleichgültigkeit geschehen, je nachdem der Charakter des Eintretenden ausgeprägt oder verschwommen ist. Darum kann zwar von einer besondern, d. h. beab= sichtigten Wirkung in ihr und durch sie auf die Erziehung hier nicht geredet werden; aber wohl muß gesagt werden, daß sie viel Nahrung bieten kann, wenn sie in ihrem schönen Gewande nicht blos Form und Schicklichkeit und Sitte, sondern auch die höchsten Menschengüter in Religion, Wissenschaft und Kunst mit sauberer Hand darreicht. Sie wird unberechen= baren Schaden anrichten, wenn sie ihre reizenden Genüsse nicht blos in verführerisch schöne Formen hüllt, sondern wohl auch gar einen Geist in sich ausbildet, der mit der alten Schlangenzunge Gottes Gebote in Frage stellt, über sie sich hinwegsetzt, und die Lust an der verbotenen Frucht entzündet.

Die socialen und gewerblichen Genossenschaften, die sonst sehr tief in die Erziehung eingriffen, scheinen in neuern Zeiten bei den gelockerten Genossenschaftsbanden den Weg des Lehrlingsunterrichts durch den Meister mehr und mehr, wenn auch nicht ganz zu beseitigen, so doch durch Errichtung von Schulen aller Art zu ergänzen und damit die alte Erziehungsstraße zu verlassen. So tritt denn auch hier die Schule mehr und mehr auf den Plan, und die erziehliche Einwirkung der Genossenschaft sinkt wohl nach und nach auf das Niveau der Geselligkeit und bleibt dann nur eine indirecte.

Die Kirche ist in einem so hervorragenden Sinne eine erziehende Macht, daß ohne sie und ohne ihre Mitwirkung eine Erziehung gar nicht gedacht werden kann, wie das schon aus Obigem sattsam folgt, indem sie das Wort Gottes hand= habt, und von dem rechten und ächten Weinstocke predigt. — Man darf wohl sagen, daß jeder Erzieher und jede Erziehungs = Anstalt aus ihr sich die Waffen gegen die Sünde und die Nahrung für den Zögling sich holen muß; wie denn auch jeder Mensch, der sich nicht in Selbstverblendung betrügt, aus ihr sich immer neuen Har=

nisch, neuen Muth, neue Stärkung zu schaffen sucht. Sie
hat das Wort des Lebens, welches, wenn es von ihr unver=
fälscht und ohne Menschenbeiwerk gepredigt wird, alles und
jedes individuelle Sein speist, und ohne welches eine Ent=
faltung zum wahren Charakter, d. h. zu einem Sein
und Handeln, das sich überall seines Gottes-Ursprunges und
Gottes = Zieles bewußt ist, nicht begriffen werden kann. —
Ihr aber fehlt die Macht, den Zögling in einem bestimmten
realen Lebensboden, in einem bestimmten realen Thun, in einem
bestimmten Pflichtüben u. s. w. anzustellen und diese Thätigkeit zu
leiten; ihr fehlt die Handhabe und das Material, oder um mit
Göthe zu reden, der von ihr beherrschte Strom der Welt,
in welchem sich der Charakter bildet. — Darum hat die
Kirche sich Schulen gegründet, und gründet sie heute noch
überall da, wo sie das Evangelium hinträgt. Darum schließt
sie sich in ihrer directen Erziehungsthätigkeit an die Schulen
auch in der veränderten Gestaltung derselben an; darum
kann und darf die ächte Kirche sich ihren Antheil an der
Schule nicht rauben und nicht verkümmern lassen, ohne ihre
Berufung und Verpflichtung an der Erziehung Preis zu geben.

Diese kurze Betrachtung über die erziehenden Mächte hat auf

die Schule

geführt, durch welche Staat und Kirche ihrer Erziehungspflicht an dem jungen Geschlechte genügen. Sie hat aber
auch nach ihrer ganzen heutigen Organisation den Eltern
das wesentlichste Erziehungsmittel, den Unterricht, abge=
nommen. So erscheint die Schule beauftragt von Familie,

Kirche und Staat, verpflichtet zum Dienste aller dieser drei erziehenden Mächte, bevollmächtigt von allen dreien. Die Gesellschaft und die Genossenschaft erwartet aus ihr den Men= schen, Familie, Staat und Kirche außer dem gebildeten Men= schen auch noch den charaktervollen und charakterfesten Sohn, Bürger und Christen.

'Die Untersuchung liegt ganz außer dem Gebiete und Zwecke dieses Vortrages, ob die Schule von den drei Voll= machtgebern, für ihre Zwecke, und gemäß ihrer berechtigten Forderung organisirt und regiert wird. Hier tritt nur die Frage in den Vordergrund, ob die Schule es nur mit der Ausbildung des allgemein Menschlichen zu thun, d. h. ob sie nur allgemeine Bildung zu erzielen habe, oder ob ihr auch die Verpflichtung obliege, wesentlich zu der Förderung der Individualität bis zum Charakter mitzuwirken. Es handelt sich hier auch nicht um die Dar= stellung des Factischen, was die heutige Schule nach der einen oder der andern Seite hin etwa leistet oder nicht leistet; sondern um die Feststellung, ob die Schule verpflichtet oder nicht verpflichtet angesehen werden kann oder muß, dem eigentlichen Kerne der Erziehungsaufgabe ihrerseits gerecht zu werden. — Es möge die hier zu gebende Antwort vor= weg gleich gegeben werden:

Die Schule und namentlich die höhere*) hat zur Charakter= bildung wesentlich mitzuwirken, und darf dieselbe nicht als

---

*) Gemäß des Zuhörerkreises wird hier nur die höhere Schule im Besondern in's Auge gefaßt.

ein nebenſächliches Ergebniß ihres Unterrichtens anſehen, oder das dahin zielende Wirken dem Hauſe oder gar der Geſellſchaft überlaſſen wollen.

Es ſei vergönnt, dieſe Anſicht mit wenigen Andeutungen in Etwas zu begründen.

Die höhere Schule hat den g a n z e n Unterricht in Händen, und ertheilt ihn ſo reichlich, in ſolcher Fülle, in ſolcher Beanſpruchung der Jugendkraft, daß Barmherzigkeit oder doch Schonung es dem Hauſe faſt verbietet, noch irgend etwas darüber hinzuzuthun. Wenn nun eine Entwicklung eines geiſtigen Weſens ohne Unterricht nicht denkbar iſt, und wenn die Charakterbildung nach dem früher Dargeſtellten einer Nahrung und einer ſittlich geiſtigen Atmoſphäre nothwendig bedarf, und wenn die Schule mit dem ihr überlaſſenen Unterrichte beides, die Nahrung des Bodens wie der Atmoſphäre, in ausgedehntem Maaße in Händen hat, und wenn ſie demnach durch beides in falſcher Darreichung die Charakterbildung ſtören und mißleiten k a n n: ſo ſcheint doch daraus zu folgen, daß ſie ſich der Aufgabe, an der Charakterbildung vorzugsweiſe und bewußt mitzuarbeiten, nicht entſchlagen d a r f. — Die Schule beanſprucht alle Zeit und alle Kraft, beherrſcht das Wollen und Streben, und bemißt das ganze Thätigkeitsfeld, fordert das ganze Intereſſe der Jugend in dem Grade, daß n e b e n i h r faſt alle anderweitigen Beſtrebungen, Arbeiten, Intereſſen, Vertiefungen zurücktreten und verſchwinden müſſen. — Es ſcheint daraus doch zu folgen, daß die Schule bei dieſem ihrem tiefen Eingriffe in das Geiſtes-

leben der Jugend sich nicht vor der höchsten oder tiefsten Auf=
gabe der Erziehung zurückziehen, sie nicht den außer ihr wir=
kenden Mächten anheim geben darf. --- Die Schule greift
mit ihren Ansprüchen, Forderungen, Arbeitsauflagen so ge=
bietend in das Familienleben, erheischt für ihre Zwecke selbst
Mitwirkung und Mitarbeit des Hauses, daß sie das Haus
der Macht wie der Möglichkeit entkleidet, unabhängig und
unbeeinflußt von ihr seiner Erziehungspflicht in seinem Sinne
nachzukommen. Dabei kann denn doch und darf doch auch
die Schule nicht mehr dem Hause allein die Charakterbil=
dung der Zöglinge aufbürden, die Verantwortlichkeit dafür
überlassen, die Schuld der Mißbildung zuschreiben wollen. —
Die Schule hat soviel Vollmacht, so viel Trieb=, Reiz= und
Zwangsmittel, daß das einfache stille Haus dagegen nicht auf=
kommt, ja gar nicht selten sich der Schulhülfe und Schulmittel
bedient, oft sogar in seinem Loben und Tadeln, Lohnen und
Strafen, Gewähren und Versagen wie im Hoffen und Fürch=
ten für die Kinder von ihr bestimmt wird. — Oder ist es nicht
so? — Wenn ja! Dann darf doch wohl, so sollte man meinen,
die Schule nicht die Aufgabe der Charakterbildung als eine
ihr nur nebenbei zufallende ansehen, sie als eine nebensäch=
liche behandeln, und das in ihr Versehene und Verfehlte von
ihrem Schuldbuche abschreiben wollen. — Die Entschuldi=
gung oder der Einwand, daß ja der Schule wie der Kirche
gewissermaßen der Strom der Welt abgehe, in welchem der
Charakter reifen solle, kann wohl kaum im Ernste gemacht
werden, denn die Schule ist oder soll dem Schüler doch

3*

neben dem Elternhause seine Welt sein, das verlangen
Eltern, Kirche, Staat. In der Schule sollen die Kinder
einen Strom einer Welt finden, der nicht seine Wasser mit
dem großen Strome der Verkehrswelt mengen sondern an
rechter Stelle erst in denselben münden soll. Der obige
Einwand, wenn er berechtigt ist, gestaltet sich dann zu einem
Vorwurfe für die Schule, daß sie ihrer Aufgabe, einen solchen
Strom für die Jugendwelt zu schaffen, nicht nachgekommen
ist. — Dies darf hier wohl ausreichen zur Begründung der
ausgesprochenen Ansicht, daß die Schule dem ihr überwie=
senen Zöglinge eine allgemeine Bildung zu geben und zugleich
mit diesen ihren allgemeinen Bildungsmitteln und auf
ihren Bildungswegen der Individualität zur Charakterent=
wickelung zu verhelfen habe.

Nach dieser Feststellung würde nun die Construction
einer in diesem Sinne erziehenden Schule folgen müssen; doch
das würde eine Schulpädagogik und damit ein Buch werden.
Hier kann und soll nur das, was oben über die Charakter=
bildung im Allgemeinen gesagt ist, einfach auf Schulver=
hältnisse übertragen werden. — Die drängende Zeit möge das
Aphoristische und Bruchstückartige des Folgenden entschuldigen.*)

Die Individualität jeden einzelnen Schülers ist zunächst
sorgsamst zu studiren,

eine Arbeit, welche mit jedem neuen Schüler eine neue ist,
und welche dem rechten Schulmanne immer neuen und

_____

*) Es wird demnach aus dem Vorigen nur wiederholt.

frischen Reiz für sein scheinbar gleichförmiges und ermüden=
des Arbeiten giebt.

Ein möglichst reiches und mannigfaltiges, kirchlich und
staatlich gestaltetes Schulleben ist zu pflegen,
weil das der Auftrag und die Vollmacht der Kirche und des
Staates nicht nur, sondern weil das der Zweck einer Cha=
rakterbildung erheischt, damit auf diesen Feldern die Indi=
vidualitäten in freien Aeußerungen aus Licht und vor das
Auge des Lehrers treten, und ein Uebungsfeld für ihre
Entwickelung haben, welches mehr noch als den rein geistigen,
durch Lernen allein zu bestellenden Boden bietet.

Die Saaten sind auf dem Unterrichtsfelde vorzugsweise
zu bestellen, welche aus dem Himmel in den Himmel wachsen,
also Religion und das ganze Gebiet der Ideen.

Diese nähren, wie oben des Nähern nachgewiesen ist,
allein die Individualität. Ohne sie mag der Verstand klug,
der Geist gewandt, die Beobachtungs = und Urtheilskraft
scharf 2c. werden; aber ohne sie wird nicht ein Charakter
in dem Sinne, wie er in dem ganzen Vortrage aufgestellt ist.

Die Unterrichtsstraße ist abzustecken, auf welcher jedem
Zöglinge troß der gemeinsamen Wanderung Nebenwege
blieben für seine individuelle Richtung,
damit bei dem gezwungenen Gehen auf der einen engen, vorge=
schriebenen Straße die in dem Zöglinge nach andern Rich=
tungen hinstrebenden Kräfte nicht nach und nach absterben,
und so der individuellen Entwicklung ein wesentlicher Ab-
bruch geschieht.

Eine solche Unterrichtsbehandlung auch im Einzelnen ist
zu wählen, welche jeder Individualität noch die möglichste
Berücksichtigung gewährt,

um, wenn auch nichts Mehr so doch, dem Zöglinge die Mutter=
liebe der Schule zu zeigen und mit dieser sich Liebe und
ächte Folgsamkeit und Pietät des Schülers zu gewinnen.

Ein solches Unterrichtsziel ist zu setzen, bei welchem die
Kundgebung des eigenen, selbstständigen Strebens den höch=
sten Preis erränge,

um für ein Ringen nach den höchsten Gütern nicht fort und
fort die Schul= und andere Gewalt als eine fremde und
äußere Kraft zu leihen, welche — wenn die Schulzeit zu
Ende ist — keinen Dienst leistet und welche auch das höchste
Wissen für die Charakterbildung nicht fruchtbar machen kann.

Aller Lock=, Erregungs=, Reizmittel, die sich nicht aus der
Natur des Lehrobjectes und aus der methodischen Behand=
lung desselben ergeben, ist sich zu entschlagen,

denn sie verhüllen in der künstlich hervorgerufenen Erregung
dem Lehrer den klaren Blick über das innere Leben der
Zöglinge, täuschen ihn und den Zögling über das wahre
geistige Interesse und führen schließlich zu dem Entwicklungs=
ziele, an welchem die schön scheinenden Früchte ohne Frucht=
kerne, wissende Menschen ohne Charakter eingeerndtet werden.

Der Behütung, Leitung und dem Gesetze, der Gewöhnung
Hülfe und dem Zwange ist überall die Umgrenzung zu
geben, daß Ausschreitungen und Conflicte mit dem Gesetze
möglich, Selbstverantwortlichkeit des Zöglings thatsächlich

freies und selbstständiges Bewegen unerläßlich, und doch ein
ernstes Regiment und eine sittliche Zucht erreichbar ist,
weil ohne solche sorgfältige und richtige Abgrenzung dieser
wie anderer Erziehungsmittel ein Charakter sich nicht bilden
kann. — Doch genug; vielleicht schon zu viel für den vor-
liegenden Zweck.

Die vielen, vollkommen berechtigten Fragen und Zweifel:
ob das Alles die heutige Schule mit den ihr gesteckten Wissens-
zielen, mit ihren Wissens-Examinibus, mit ihren Schüler-
massen, mit ihren Lehrkräften kann; ob sie, ohne ihren
Hauptzweck an vielen Zöglingen zu verfehlen, den heutigen
Weg ändern darf; ob somit hier nicht reine Ideale aufgestellt
werden, welche vor der Wirklichkeit in ein Nichts zerfließen
und als leere Gedankengespinnste sich erweisen: solche Fragen
müssen unberücksichtigt bleiben, wo es sich nur um Feststellung
des höchsten Zieles der Erziehung handelt. Ob solche Be-
hauptung, daß alle Welt mit der heutigen Schule zufrieden
sei, und darum erneute und erhöhte Ansprüche als ungehörige
in sich selbst zerfielen, eine richtige oder falsche ist, kann hier
nicht untersucht werden. Ob die Betheurung, daß mit dem
heutigen Schulorganismus das Alles, was eine Schule überhaupt nur leisten könne, auch geleistet werde, ganz frei von
Selbsttäuschung ist, auch das soll hier weder bejaht noch
verneint werden. Darum sei nur noch, selbst auf die Gefahr
allgemeinen Anstoßes hin, des Einen hier erwähnt, und aus
dem Vorigen wiederholt: Die Schule hat so wenig wie
die Eltern Vollmacht und Macht, also auch nicht die Ver-

pflichtung, alle die ihnen überwiesenen Kinder in eine von
Eltern oder sonst wem beliebte Bildungsrichtung zu zwängen,
denn ein Kind ist Gottes und nicht der Menschen.

Wenn nun aus allem Vorhergehenden sich ergeben hat,
daß eine erziehende Wirkung nur der aus Gott kommenden
und zu ihm führenden Nahrung zugeschrieben werden kann;
daß alle Erziehung und alle Erziehungs Veranstaltungen sich
mit einem Helfer= und Gärtner-Amt genügen lassen müssen:
daß alle Macht, welche mehr als ein glückliches Werden=
Lassen des Zöglings sich zur Aufgabe stellt, in Gefahr ist,
die Charakterentwicklung zu beeinträchtigen: so drängt sich
nun doch unwillkürlich die Frage auf, ob der Erzieher denn
gar keine Mittel habe, um den Entwicklungs=Prozeß der
ihm überwiesenen Pflanzen einzuleiten, energisch zu fördern.
Hat der Gärtner doch Ingredienzien, welche er zu diesem
Zwecke der Gartenerde beimengt, und dem Erzieher sollte
solch ein Mittel nicht zu Gebote stehen? — Freilich giebt
es eine solche erziehende Macht, die sich überall in Haus,
Schule, Gesellschaft, Staat geltend macht,
das ist der Charakter,
möge er nun seine Individualität in der Richtung zu Gott
oder wider Gott ausgeprägt haben; möge er gut oder
schlecht genannt werden müssen.

Der Blick ins Leben bestätigt es*). Nur derjenige Ge=
spiele und Genosse führt oder verführt ein Kind und einen jungen

---

*) Zu dem, was oben schon von der Geltung des Charakters gesagt
ist, möge hier nur noch Einiges hinzugefügt werden.

Menschen, welcher in seinen Aeußerungen und Erscheinungen, Handlungen und im Umgange eine schon durchgreifende Eigenthümlichkeit, und damit eben einen Charakter = Ansatz darlegt. — Die Schulen wissen von bessern und schlechtern Jahrgängen zu erzählen, und verkennen bei genauerer Beachtung nicht, daß dies von der Menge und Stärke der, in sittlicher oder unsittlicher Richtung, sich entfaltenden Charaktere herrührt. — Selbst Ansichten über Lebensverhältnisse, das sittliche Urtheil, der Geschmack, ja die Ueberzeugung der Zöglinge wird mehr von einem charaktervollen Genossen als vom Erzieher und Lehrer und seinen Gründen bestimmt und beherrscht. — Der charaktervolle Lehrer allein hat persönliche Autorität, gewinnt unbedingten Gehorsam ohne Gewalt, erndtet Liebe in seiner Strenge, findet Verzeihung auch für Härte. — Ja, wieviel Verführerisches die Sünde an und für sich hat, sie hat ihre vornehmlichen Werber immer und immer in denjenigen Menschen gehabt, deren Individualität ganz in die sündige Entwicklung eingegangen, zur Dienerin der Sünde entwürdigt und so zu einem ausgeprägten schlechten Charakter geworden ist. —

Warum das so ist? — Weil nur derjenige ein Führer auf einem bessern Wege sein kann, der selbst denselben gewandert ist, weil nur der Prägestock erkennbare Bildnisse dem Metalle aufprägen kann, auf welchem das Bild scharf eingeschnitten ist.

Nur ein Charakter versteht, würdigt, respectirt und achtet das Eigenthümliche an einem Andern, während die charakter-

losen Naturen in ihrer vermeintlichen sittlichen oder ästheti-
schen Bildung dafür halten, daß die Eigenheiten eines Andern
und namentlich eines Kindes als Unarten, das Beharren
wollen in der eigenthümlichen Richtung als Ungezogenheit,
der Widerstand gegen willkürliche Zumuthungen des
Erziehers als Trotz ausgetrieben werden müßten. — Der
charaktervolle Erzieher wird nie dem Kinde etwas direct
anerziehen, nie es ordentlich, artig, sittig, höflich, bescheiden,
aufrichtig, wahr, gewissenhaft, ästhetisch, kunstsinnig, menschen-
freundlich, mitleidsvoll, andächtig, gottselig, fromm machen
wollen, denn er käme mit seiner innersten Natur, mit seinem
eignen Werden und Gewordensein in Widerspruch. — Der
sittliche Charakter im Erzieher wird aber eben so aus seiner
innersten Natur heraus und aus gottinniger Verpflichtung
für das Gottebenbildliche im Kinde, wie mit Liebe so mit
Ausdauer, Strenge, und Unnachsichtigkeit alles dasjenige
bekämpfen und niederkämpfen, was als Verdüsterung, Ver-
hüllung, Entstellung, Verzerrung und Versünden der Individualität des Kindes ihm entgegentritt. Das nicht zu thun,
hieße das eigene Streben nach Lauterkeit und Wahrheit ver-
abschieden; hieße den Charakter vor Kindeslaunen und Kin-
desgelüsten verläugnen und flüchten, es hieße charakterlos
sein. —

So wirkt denn in der That auch der Charakter noch
nicht direct auf dem Erziehungsfelde; aber er ist in der
That, um in der Metapher zu bleiben, das Ingredienz in
dem Boden, welches die junge Menschenpflanze zur Entwick-

lung treibt. Die Individualität — so wurde oben gesagt — wird pflanzenähulich durch Assimilation der Stoffe im Lebens= boden und in der sittlichen Atmosphäre zum Charakter. Das vor dem Kinde stehende Bild und Leben eines charakter= vollen Erziehers oder auch Genossen löst die todten Massen durch seine Darstellung gewissermaßen auf, macht sie für das Kind flüssig und aufnehmbar. Dies Aufnehmen=Wollen und Aufnehmen geschieht dann durch den Trieb der Nachahmung. Sie, die Nachahmung ist es, welche die Familienähnlichkeiten im Denken, Empfinden, Behaben erzeugt; sie schafft nicht minder das Typische an Groß= und Kleinstädtern, an Be= wohnern abgeschlossner Thäler und Gegenden; sie wirkt wesentlich mit zur charakteristischen Entwicklung der verschie= denen Nationalitäten. — So ist sie es denn auch, welche im Anschauen des eigenthümlichen Werdens und Gewordenseins eines Charakters das Kind zu einem eigenthümlichen Werden=Wollen hintreibt. — Nach= ahmend dem Charakter will das Kind wie er auch in sich die ihm inwohnende Geistesrichtung ausgestalten, ihr im Thun Geltung verschaffen, ihr den Beistand vor innern und äußern Gewalten sichern, in ihr Sicherheit und Selbst=Treue erwerben, in ihr Unabhängigkeit von und Herrschaft über die Lebenszufälligkeiten und Lebenseinflüsse gewinnen, in ihr bis zur Wahrheit und Lauterkeit des Handelns vordringen, in ihr die Harmonie des Seins erringen.

Und wenn nun nun kein Charakter vor dem Kinde stände, den es ohne Gefahr anschauen dürfte; kein Charakter vor

ihm lebte, dem es ohne Schädigung nachleben dürfte: kein
Charakterbild, welches ihm im Spiegel das vorhielte, was
es nach Gottes Bestimmung werden soll! Christus ist erschienen! Das war vorher, das ist hier die Antwort. In seiner
Gottes- und Menschheitsfülle sind alle Individualitäten gottes-
ebenbildlich zum Charakter gestaltet; in ihr findet jedes Kind
seinen Entwicklungs-Gang, sein Entwicklungs-Ziel, und den
erziehenden Charakter ausgeprägt vor sich; zu ihm gehen,
ihn anschauen, in ihn sich einleben, heißt sich selber finden
und gestalten. Denn er hat verheißen:

> Wer zu mir kommt, den werde ich nicht
> verstoßen;
> Wer mir nachfolgt, wird nicht wandeln
> in Finsterniß;
> Wer in mir bleibet, und ich in ihm, der
> bringet viel Frucht.

Und — In Ihm sind alle Verheißungen
Ja! und Amen!

www.ingramcontent.com/pod-product-compliance
Lightning Source LLC
Chambersburg PA
CBHW021442090426
42739CB00009B/1593